ONLINE GELD VERDIENEN MIT TRANSKRIPTIONEN

Wie du als allgemeine Schreibkraft durch das Transkribieren von Audio- und Videoaufnahmen von zu Hause aus Geld verdienen kannst

Andrea Wunder

1. Auflage 2018
Benefit Publishers
Inh. Andrea Deliboyraz
Frankenweg 6 – 90556 Cadolzburg

ISBN: 978-3-96310-028-4

Weitere Informationen zum Verlag finden Sie unter:
www.benefit-publishers.com

Für Fragen und Anregungen:
info@benefit-publishers.com

INHALT

Einleitung 1

Was ist eine Transkription? 3

Was sind die Vorteile von Transkripten und wo werden Sie eingesetzt? 7

Interviewtranskription nach einfachen Regeln.. 11

Das Equipment eines Transkriptionisten 17

Welche Fähigkeiten benötigt ein Transkriptionist? 23

Wie hoch ist der Verdienst? 27

Wo finde ich Aufträge und Kunden?.................. 31

Schlusswort 35

KAPITEL 1

Einleitung

Hallo liebe Leserin, hallo lieber Leser.

Zunächst einmal herzlichen Dank dafür, dass du dich dazu entschieden hast, diesen Ratgeber zu erwerben. Mein Name ist Andrea Wunder und ich möchte dir in diesem Buch zeigen wie du von zu Hause, über das Internet, Geld verdienen kannst. Egal, ob du deinen Job aufgegeben hast, um mehr Zeit mit den Kindern zu verbringen, ob du als digitaler Nomade um die Welt reist oder ob du einfach nur dein Haushaltseinkommen aufbessern möchtest.

Es gibt hunderte - vielleicht sogar tausende Möglichkeiten um von zu Hause, über das Internet Geld, zu verdienen. Dienstleistungen stehen dabei ganz oben auf der Liste. Von Grafikdesign über Webdesign zu Ghostwriting etc. bietet das Internet eine Vielfalt von Möglichkeiten, um aus dem eigenen Home-Office heraus Geld zu verdienen. Eine dieser Möglichkeiten ist die allgemeine Transkription.

Ich habe mit dem Transkribieren kurz nach der Geburt meiner Kinder begonnen und bin nun seit fast 10 Jahren in diesem Bereich tätig. In den folgenden Kapiteln möchte ich dich Schritt-für-Schritt durch die Grundlagen der Transkription führen, beginnend mit dem Punkt, was eine Transkription ist, über wo Transkriptionen eingesetzt werden, bis zu dem Punkt wie du damit Geld verdienen kannst.

Okay. Lass uns nun am besten keine mehr Zeit verlieren und direkt loslegen.

KAPITEL 2

Was ist eine Transkription?

Viele Menschen verwechseln eine Transkription mit einem Diktat. Dabei handelt es sich hierbei um zwei völlig verschiedene Dinge. Gut, beide beinhalten die Typisierung, das Transkribieren von gesprochenen Worten, aber der Unterschied zwischen einem Diktat und einer Transkription besteht darin, dass ein Diktat ein festgelegter Text ist, der unverändert niedergeschrieben wird. So zum Beispiel in der Schule zur Überprüfung der Rechtschreibfähigkeit oder im Büro, wo der Chef einen Brieftext vorträgt, der von seiner Assistentin unverändert zu Papier gebracht wird. Transkription hingegen bedeutet die Verschriftlichung einer Audio- oder Videoaufnahme.

Wenn ein Arzt während einer Untersuchung die Befunde in einen Voicerekorder spricht und diese Audioaufnahme später an seine medizinische Assistentin weiterleitet, damit sie dazu einen schriftlichen Bericht verfasst oder wenn ein Anwalt Verträge und Schriftsätze mit einem Diktiergerät festhält, damit eine juristische Schreibkraft diese zu einem späteren Zeitpunkt zu Papier bringt, handelt es sich um eine Transkription.

Wenn Du nun denkst, dass Transkriptionen nur im juristischen und medizinischen Bereich vorkommen liegst du damit aber falsch. Medizin und Recht sind zwei hoch spezialisierte Bereiche, in denen zwingend Fachkenntnisse erforderlich sind. Eine medizinische Schreibkraft muss sich beispielsweise unbedingt mit der medizinischen Terminologie auskennen und wer juristische Transkriptionen bearbeiten möchte, sollte mit dem juristischen Jargon vertraut sein. Deshalb sprechen wir in diesem Buch auch nicht über diese Arten der Transkription, sondern widmen uns der allgemeinen Transkription, dem Transkribieren von Interviews, Podcasts und Webinaren etc.

Bei der Transkription von Podcasts und Webinaren hört man eine Audioaufnahme oder ein Video an und schreibt alles auf, was gesprochen wird. Anschließend wird der Text noch geglättet und so nachbearbeitet, dass er für eine Veröffentlichung verwendet werden kann, also gut zu lesen ist. Das ist relativ simpel. Die Interviewtranskription ist dagegen schon etwas komplizierter, denn dabei kommt es oftmals nicht nur auf den Inhalt, sondern auch auf die Art und Weise, wie gesprochen wird und wie sich der Gesprächspartner verhält an. Es gibt mehrere verschiedene Regeln, nach denen solche erweiterten Transkriptionen angefertigt werden können, TiQ-Transkripte, Gesprächsanalytische Transkriptionen (GAT) und viele mehr, auf die ich hier aber nicht näher eingehen möchte, da sich diese immer an der Forschungsfrage orientieren.

In diesem Buch geht es um die Grundlagen der allgemeinen Transkription von Webinaren und Podcasts, sowie der einfachen Interviewtranskription bei der keine sprachwissenschaftlichen Aspekte im Vordergrund stehen, sondern der Fokus lediglich auf dem Inhalt des Gesagten liegt. Und die Du, wenn du flinke Finger hast, das 10-Finger-Schreibsystem beherrscht und über gute Grammatik- und

Rechtschreibkenntnisse verfügst, schnell erlernen kannst, um von zu Hause aus, bei freier Zeiteinteilung, Geld zu verdienen.

KAPITEL 3

Was sind die Vorteile von Transkripten und wo werden Sie eingesetzt?

Da wir Menschen Informationen auf sehr unterschiedliche Weise aufnehmen, müssen wichtige Informationen immer in verschiedenen Formaten, einschließlich Transkripten zur Verfügung gestellt werden. Manche Menschen ziehen es vor zu lesen, andere hören lieber zu, und wieder andere bevorzugen Videos. Durch das Angebot verschiedener Formate kann ein viel größeres Publikum erreicht werden.

Vorteil 1: Mehr Reichweite durch Transkriptionen

Menschen, die unter einer Beeinträchtigung des Hörvermögens leiden, können Inhalte einer aktuellen Podcast-Folge, eines Interviews und anderer aufgezeichneter Materialien nicht konsumieren, wenn diese nicht auch zusätzlich im Textformat zur Verfügung stehen. Auch Personen, deren Computer-Lautsprecher nicht eingeschaltet sind, oder keinen Audio-Zugriff auf den Inhalt haben, bleiben die Informationen verwehrt, da sie sie nicht hören können. Und dann gibt es noch, wie bereits erwähnt, solche Personen, die lieber lesen möchten als zuzuhören. Ein Transkript gibt ihnen die Wahl.

Vorteil 2: Aus Transkripten lassen sich ganz einfach Infoprodukte erstellen

Ein weiterer großer Vorteil von Transkripten ist es, dass es relativ einfach ist, ein paar themenverwandte Transkripte zusammenzufassen, um daraus ein Informationsprodukt zu erstellen. Wenn jemand zum Beispiel einen Podcast betreibt mit einer wöchentlichen Serie, in der erfolgreiche Unternehmer zum Thema Bloggen interviewt werden, können die jeweils transkribierten Interviews ganz einfach zu einem Ratgeber zusammengefasst und verkauft werden oder als „Give-away“ dienen, um Leute dazu zu bewegen sich in eine Mailing-Liste einzutragen.

Vorteil 3: Transkripte können wiederverwendet werden

Der Inhalt von einem Transkript kann auch jederzeit problemlos umgeschrieben werden, um daraus Blog-Artikel, Reportagen etc. zu erstellen. Teile des Inhalts können als Twitter-Beiträge oder Facebook-Nachrichten verwendet werden. Außerdem kann der Inhalt auch zu einem Newsletter-Verteiler hinzugefügt werden. Den Möglichkeiten sind fast keine Grenzen gesetzt.

Vorteil 4: Transkripte sind suchmaschinenfreundlich

Google und andere Suchmaschinen wie Bing und Yahoo können Audio- und Video-Dateien nicht auslesen. Mit transkribierten Inhalten, vorausgesetzt, dass diese ins Netz gestellt wurden und auf sie zugegriffen werden kann, ist es für die Suchmaschinen ein Leichtes die Inhalte zu „crawlen“, um sie in ihren Index aufzunehmen.

Das waren nun vier Beispiele davon, die zeigen, wie Transkripte im Online-Marketingbereich eingesetzt werden können. Transkriptionen sind aber auch in anderen Branchen gefragt, so zum Beispiel bei Forschungsgruppen und Marketingunternehmen.

Ich bin sicher auch du kennst diese Anrufe, bei denen du gebeten wirst, dich an einer Haushaltsumfrage zu beteiligen. Du wirst nach Produkten befragt, die du verwendest, wo du diese kaufst und so weiter. Jeder dieser Anrufe wird aufgezeichnet und muss später zur genauen Auswertung transkribiert werden.

Interviews sind eine weitere Art der Transkription. Es gibt eine Menge Schriftsteller, Studenten und Berater, die regelmäßig Interviews zu den verschiedensten Themen durchführen und diese Audio-Aufnahmen müssen natürlich auch alle transkribiert werden.

Diese Liste könnte man nun noch ewig weiterführen, aber ich denke, es reicht, um dir eine allgemeine Vorstellung von den Zielgruppen zu geben, die Deine Dienste als Transkriptionist in Anspruch nehmen könnten.

KAPITEL 4

Interviewtranskription nach einfachen Regeln

Die Regeln und das Format bei der Interviewtranskription variieren von Kunde zu Kunde, je nachdem welchem Zweck die Transkription dienen soll. Eine einfache und häufig genutzte Regel stellt das nachfolgend vorgestellte einfache Transkriptionssystem nach Dresing & Pehl dar.

Hierbei wird wörtlich transkribiert. Vorhandene Dialekte werden möglichst wortgenau ins Hochdeutsche übersetzt. Wortverschleifungen werden nicht transkribiert, sondern dem Schriftdeutsch angenähert. Beispielsweise wird aus „Er hatte noch so'n Beispiel genannt" wird zu „Er hatte noch so ein Beispiel genannt" und „hamma" wird zu „haben wir".

Die Satzform wird beibehalten, auch wenn sie syntaktische Fehler beinhaltet, beispielsweise: „bin ich nach Schule gegangen."

Bei einem Satzabbruch, dem nur die Vollendung fehlt, wird ein Schrägstrich / zur Kennzeichnung gesetzt.

Die Interpunktion wird zu Gunsten der Lesbarkeit geglättet. Das heißt, bei einem kurzen Senken der Stimme wird eher ein Punkt als ein Komma gesetzt. Dabei sollen Sinneinheiten beibehalten werden. Dennoch werden Fragen mit einem Fragezeichen versehen. Kommas werden auch bei Einschüben, beispielsweise „Das kann man, glaube ich, verstehen" oder „Da hatte man, sage ich mal, nicht darüber nachgedacht", gesetzt.

Zahlen bis 12 werden ausgeschrieben. Höhere Zahlen können in Ziffern geschrieben werden.

Längere Pausen ab 3 Sekunden werden durch drei Auslassungspunkte in Klammern (...) markiert.

Verständnissignale des gerade nicht Sprechenden wie „mhm, aha, ja, genau, ähm" etc. werden NICHT transkribiert.
AUSNAHME: Eine Antwort besteht NUR aus „hmm" ohne jegliche weitere Ausführung. Dann wird der Sinn ergänzt: „Hmm (bejahend)" oder „Hmm (verneinend)".

Besonders betonte Wörter oder Äußerungen werden durch GROSSSCHREIBUNG gekennzeichnet.

Jeder Sprecherbeitrag erhält eigene Absätze. Zwischen den Sprechern gibt es Leerzeile. Nach jedem Sprecherwechsel wird eine Zeitmarke gesetzt. Beispielsweise:

> B: Ich habe das Portemonnaie dort
> #00:02:05-3#
> I: Wo genau? #00:02:05-9#
> B: gefunden. Am Spielplatz. ...

Emotionale nonverbale Äußerungen, die die Aussage unterstützen oder verdeutlichen (etwa wie Lachen oder Seufzen), werden beim Einsatz in

Klammern notiert, aber nur, wenn von inhaltlicher Bedeutung.

Unverständliche Wörter werden mit (unv. ##-##-##) gekennzeichnet. Vermutet man einen Wortlaut, ist sich aber nicht sicher, wird das Wort bzw. der Satzteil mit einem Fragezeichen in Klammern gesetzt.

Format der Transkription:

Abkürzung für Interviewer und Befragter mit B: und I: (nicht B.: oder B:) Bei mehreren Befragten oder Interviewern wird mit B für den Ersten und B2 für den Zweiten abgekürzt

Das Transkript wird als .rtf Datei unter dem Namen des Audiofiles gespeichert

Beispieltranskription:

I: Vielen Dank, dass Sie sich die Zeit für das Interview genommen haben.

B: (lacht) Sehr gerne, ich hoffe, ich kann Ihnen helfen. Dann schießen Sie mal los #00:30:01-4#

I: Gut, seit wann gibt es denn Ihre Unternehmen und wie viele Mitarbeiter haben Sie beschäftigt? #00:32:04-9#

B: Seit zehn Jahren? Nein, seit 13 Jahren. #00:33:00-4#

KAPITEL 5

Das Equipment eines Transkriptionisten

Zu den Voraussetzungen des professionellen Transkribierens gehört ein gutes Equipment. Die Investitionskosten dafür halten sich aber in Grenzen und schlagen mit maximal 200,00 EUR auch nicht allzu sehr zu Buche.

Neben einem Computer mit Internetanschluss und einem Textverarbeitungsprogramm, wie Microsoft Word oder Open Office, in das du den Text eintippst und das du sicherlich schon hast, benötigst du noch folgendes Equipment ,um als Transkriptionist Geld zu verdienen.

Headset - grundsätzlich kannst du den Ton einer Audioaufnahme auch über die Lautsprecher deines Computers hören. Wenn du den Ton aber über ein Headset hörst, ist es leichter Akzente, Dialekte oder auch schlechtere Audioaufnahmen zu verstehen. Außerdem kannst du dich dadurch viel besser konzentrieren, weil die Umgebungsgeräusche nicht mehr so intensiv wahrgenommen werden. Ich persönlich bevorzuge Headsets mit weichen Schaumstoffpolstern, wie das Logitech ClearChat Comfort (http://amzn.to/2e1VksV). Es gewährleistet eine hohe Klangqualität hat einen Lautstärkeregler und lässt sich mittels USB-Anschluss ganz leicht am PC oder Laptop anschließen.

FTP-Software - manche Kunden speichern ihre Audioaufnahmen auf ihrem eignen Server und erwarten, dass du diese von dort selbstständig herunterlädst, transkribierst und anschließend das fertige Transkript wieder auf den Server hochlädst. Dazu benötigst du eine FTP-Client Software wie beispielsweise FileZilla. Dieses Programm kannst du dir kostenlos herunterladen. https://goo.gl/UavqX9

Transkriptionssoftware - natürlich ist es auch möglich eine Transkription mit einem Media Player und einem Texteditor anzufertigen. Ich empfehle dir allerdings die Verwendung einer Transkription-Software, die dir die Möglichkeit gibt zu stoppen, vor- und zurückzuspielen und automatisch Zeitmarken setzen kann. Transkriptionsprogramme gibt es viele, hier eine kleine Auswahl:

Express Scribe

Express Scribe ist eines der am häufigsten verwendeten Programme für Transkriptionen, das alle gängigen Formate einschließlich MP3, WAV, WMA und DCT unterstützt. Es wird eine kostenlose sowie ein Pro-Version angeboten. Du kannst es hier downloaden:

http://www.nch.com.au/scribe/

F4

F4 ist nicht kostenlos, aber dafür lassen sich damit professionelle Transkripte von Interviews und Diskussionen anfertigen.

Du kannst damit unter anderem automatische Zeitmarken setzen, Sprecherwechsel und Sprecher Markierungen einfügen. Kaufen kannst du die Software hier:

http://www.audiotranskription.de/

EASYTRANSCRIPT

Easytranscript ist eine einfach zu bedienende, an F4 angelehnte Transkriptions-Software die Mediendateien via VLC Media Player wiedergibt. Das Programm kannst du hier kostenlos herunterladen:

https://goo.gl/aZAUkP

Fußpedal

Last but not least, wirst du auch ein Fußpedal benötigen, um professionell als Schreibkraft dein Geld verdienen zu können. Ein Fußpedal erleichtert die Arbeit ungemein, du hast damit die Hände zum Tippen frei und musst nicht laufend über die Funktionstasten die Wiedergabe steuern. Die meisten Fußpedale lassen sich ganz einfach mit einem USB-Stecker an deinem Computer anschließen und benötigen keine Software zur Einrichtung. Ich empfehle dir ein Drei-Tasten-Pedal, bei dem die linke Taste als Rücklauf, die mittlere, größere Taste als Wiedergabe und Stopp-Taste und die Rechte für schnelles Vorspulen eingerichtet ist, somit kannst, ohne die Finger von der Tastatur zu nehmen, stoppen, zurückspulen und schnell nach vorne spulen.

KAPITEL 6

Welche Fähigkeiten benötigt ein Transkriptionist?

Die erste Fähigkeit, die du als allgemeine Schreibkraft besitzen musst, auch wenn es in anderen Bereichen nicht immer effektiv ist, ist die Fähigkeit des Multitaskings. Das Transkribieren von Audio- und Videoaufnahmen erfordert die Fähigkeit gleichzeitig, genau zuzuhören, zu verstehen, zu schreiben und ein Fußpedal zu bedienen.

Eine weitere Fähigkeit, die du als allgemeine Schreibkraft besitzen solltest, ist die Fähigkeit schnell zu schreiben. Absolutes Minimum ist eine Schreibgeschwindigkeit von 60 Wörtern pro Minute. Wenn du nun sagst, das schaffe ist nicht, keine Sorge, mit etwas Übung kannst du deine Schreibgeschwindigkeit ganz einfach verbessern. Dazu gibt es zahlreiche Seiten im Internet, auf denen du deine Tippgeschwindigkeit testen und trainieren kannst. Gib einfach einmal in den Suchschlitz bei Google "Tippgeschwindigkeit testen" ein und schon wirst du fündig.

Des Weiteren sind natürlich gute Rechtschreib- und Grammatikkenntnisse sowie ein gutes Verständnis der Zeichensetzung sehr wichtig beim Transkribieren, denn mit einem einzigen falsch gesetzten Punkt oder Komma kannst du die Bedeutung eines Satzes komplett verändern.

Da du als allgemeine Schreibkraft von zu Hause aus arbeiten möchtest, musst du auch über grundlegende Computerkenntnisse verfügen und in der Lage sein verschiedene Arten von Dateien herunterzuladen, Programme zu installieren und evtl. durch den Auftraggeber zur Verfügung gestellte Software bedienen können.

Eine weitere wichtige Fähigkeit, so banal es auch klingen mag, ist die Fähigkeit sich genauestens an Anweisungen zu halten. Als Schreibkraft erhältst du Vorlagen und Transkriptionsregeln, an die du dich zu 100% halten musst. Unternehmer akzeptieren hier keine Nachlässigkeit.

Dies sind nur einige der grundlegenden Fähigkeiten, die eine allgemeine Schreibkraft besitzen sollte. Zudem solltest du auch in der Lage sein, Google (oder andere Suchmaschinen) zu nutzen, um dort nach Informationen zu suchen. Denn als allgemeine Schreibkraft, wirst du häufig mit Themen und Wörtern konfrontiert, von denen du niemals zuvor etwas gehört hast. Diese Worte richtig zu verstehen und zu schreiben kann eine große Herausforderung darstellen. Eine Recherche bei Google kann dabei helfen, ein Wort, den Namen einer Person, eines Produktes oder Unternehmens auf das verwiesen wurde zu finden.

KAPITEL 7

Wie hoch ist der Verdienst?

In der Regel werden allgemeine Transkriptionen, nicht nach Arbeitszeit, sondern pro angefangene Audio-Minute berechnet. Diese Preise variieren je nachdem, für wen du arbeitest - für einen Transkriptionsdienst oder für deine eignen Kunden.

Der Regelsatz für eine allgemeine Transkription liegt, bei Transkriptionsdiensten, zwischen 30 und 40 EUR pro Audio-Stunde, das entspricht etwa 6 bis 8 EUR pro Stunde, wenn du eine

Audio-Stunde in fünf Stunden schreibst. Dafür fällt aber auch die Kundenakquise weg. Unter bestimmten Voraussetzungen, beispielsweise bei einem Audio-Diktat oder wenn die Sprecher eines Interviews sehr langsam und deutlich sprechen, kann man eine Aufnahme auch wesentlich schneller transkribieren und einen höheren Verdienst erzielen, der Durchschnitt bei einfachen Transkriptionsregeln liegt aber bei etwa 1:5.

Für Audio-Dateien von schlechter Qualität, Gruppendiskussionen und Expressaufträgen erhältst du bei Transkriptionsdiensten zwar meist einen Zuschlag, ebenso werden Transkriptionen in Fremdsprachen höher vergütet, dafür wirst du aber auch mehr Zeit für die Bearbeitung benötigen.

Wenn du Aufträge auf Freelance- und Outsourcing Plattformen sucht, bestimmst du den Preis selbst. Das kann aber durchaus tückisch sein. Denn hier herrscht oftmals ein knallhartes Preisdumping. Ist dein Preis zu hoch, wirst du keine Aufträge bekommen, ist dein Preis zu niedrig, kann es vorkommen, dass du Ewigkeiten für viel zu wenig Geld am Tippen bist. Ein normales Interview enthält immer undeutliche oder unverständliche Stellen

und Überlappungen, die man sich zwangsläufig mehrmals anhören muss.
Bei privaten Kunden bestimmst du den ebenfalls Preis selbst. Hier kannst du den Kunden zusätzlich bitten dir die Aufnahme im Vorfeld zuzusenden, um in diese hineinzuhören und ihm dann ein individuelles Angebot erstellen zu können.

Dabei solltest du an verschiedenen Stellen in die Aufnahme hineinhören und auf folgende Punkte achten:

» Wie viele Sprecher kommen vor?
» Spricht eine der Personen in einen starken Dialekt?
» Wie ist die Audioqualität? Kommen viele Hintergrundgeräusche vor?
» Nach welchen Regeln soll transkribiert werden?
» Innerhalb welcher Frist soll das Transkript fertiggestellt sein?

Für Einzelinterviews in guter Qualität, nach einfachen Regeln, berechne ich 1,80 EUR zzgl. MwSt. pro angefangener Audiominute. Wenn ich eine Aufnahme mit vielen Hintergrundgeräuschen erhalte, dann fällt mein Angebot natürlich entsprechend höher aus. Niedrigere Preise halte ich aus dem Grund, dass es sich hierbei um eine selbständige Tätigkeit im deutschsprachigen Raum handelt, für unrealistisch, da diese sonst nicht annähernd die kostendeckend wären. Schließlich fallen im Gegensatz zu einer Festanstellung zusätzliche Kosten für Krankenkasse, Versicherungen, Büromiete etc. an. Letztendlich macht es aber die Erfahrung und die Menge die man an einem Tag transkribieren kann, um selbst einschätzen zu können, welcher Preis für einen in Ordnung ist, damit man davon auch leben kann.

KAPITEL 8

Wo finde ich Aufträge und Kunden?

Die Suche nach Aufträgen und Kunden ist der wichtigste Punkt, um als allgemeine Schreibkraft im Home-Office Geld verdienen zu können. Mit der allgemeinen Transkription zu beginnen ist zwar viel einfacher, als in spezialisierten Bereichen wie Medizin. In diesen Branchen benötigst du oftmals einen Abschluss oder ein Zertifikat, um überhaupt für einen Job in Betracht gezogen zu werden. Auch wenn es in der allgemeinen Transkription einfacher ist, zu starten kann die Kundenakquise schwierig sein. Vielleicht hast du Kontakte zu Marketing Unternehmen, Radio-Sendern oder anderen

Unternehmen, bei denen du nach Arbeit fragen kannst. Kostenlose Kleinanzeigen und Jobportale im Internet sind ein weiterer Weg um erste Kunden zu finden. Viele potenzielle Kunden werben hier, da sie nicht wissen, wo sie sonst suchen sollen. Oder du lässt Flyer mit Abreißzetteln drucken und fragst in Universitäten in deiner Nähe nach, ob du diese dort aushängen darfst. Die Kundensuche ist harte Arbeit und erfordert einiges an Kreativität. Es wird sich aber auszahlen, wenn du gute und schnelle Arbeit lieferst und deine Kunden zufrieden sind werden sie deinen Service mit Sicherheit weiterempfehlen.

Transkriptionsdienste

Für den Anfang empfiehlt es sich auch, dass du dich bei den unten aufgezählten Transkriptionsdiensten registrierst. Hier kannst du Erfahrungen und erstes Geld verdienen. In den meisten Fällen wirst du nach deiner Anmeldung gebeten, eine Probearbeit zu fertigen, fällt das Ergebnis gut aus, nehmen dich die Dienste in ihren Pool von Transkriptionisten auf und du erhältst regelmäßig Aufträge, die du nur noch bearbeiten musst.

www.transkripto.de
www.amanu.de
www.transkriptwunder.com
http://appenonline.appen.com.au7
www.mentorium.de
www.mylittlejob.de (für Studenten)
www.wird-erledigt.com

Freelance- und Outsourcing-Portale

Mehr und mehr Unternehmern nutzen auch Freelance- und Outsourcing-Portale, um ihre Aufgaben zu verteilen, anstatt hierfür zusätzliches Personal einzustellen. Dies ist deine Chance. Der Schlüssel, um über diese Websites Aufträge zu erhalten, ist es dort ein ansprechendes Profil während der Anmeldung zu erstellen. Du solltest in deinem Profil für potentielle Auftraggeber relevante Informationen sowie Angaben zu deinen Fähigkeiten und Erfahrungen zur Verfügung stellen. Des Weiteren empfiehlt es sich immer ein schönes Profilbild oder ein Firmenlogo hochzuladen.

Natürlich kann es schwierig sein, auf diesen Seiten Aufträge zu erhalten, da es dort sehr viele Leute gibt die auf genau denselben Job wie du bieten. Wenn du aber erst einmal ein paar Jobs bearbeitet und positives Feedback von deinen Kunden erhalten hast, können dies auch andere potenzielle Kunden einsehen, was deine Chancen, weitere Aufträge zu erhalten, steigen lässt.

Hier eine kleine Liste von Freelancer-Portalen, die ich dir empfehlen kann.

www.upwork.com
www.machdudas.de
www.tasktilldone.com
www.freelancer.de

KAPITEL 9

Schlusswort

In diesem Ratgeber hast du nun die Grundlagen der allgemeinen Transkription kennengelernt und wie du damit ortsunabhängig Geld verdienen kannst.

Werde jetzt aktiv, fertige ein paar Testtranskriptionen und bewerbe dich anschließend bei den verschiedenen Transkriptionsdiensten um eine Zusammenarbeit.

Ich wünsche Dir viel Erfolg bei deinem Start als allgemeine Schreibkraft! Ich weiß, dass du es schaffen kannst, genauso wie viele andere vor dir!

Wenn dir dieser Ratgeber gefallen hat, würde ich mich sehr über eine Rezension freuen.

Solltest du Fragen oder Anmerkungen haben, kannst mir auch gerne eine E-Mail mit deinem Feedback an feedback@andreawunder.com senden.

Deine Andrea

Weitere Bücher von mir findest du auf meiner Amazon-Autorenseite unter https://amzn.to/2LrDb44 oder unter https://andreawunder.com

---

Dieses Buch könnte dir auch gefallen...

Endlich (mehr) Zeit zu leben
Das Leben ist etwas unglaublich Wertvolles und Kostbares, aus dem wir, solange wir die Möglichkeit haben, das Allerbeste machen sollten. Doch, und das ist die Ironie dabei, die meisten von uns glauben, dass sie keine Zeit haben. Sie sind so sehr damit beschäftigt von einem wichtigen Job zum Nächsten zu eilen und die verschiedensten Aufgaben zu erledigen, dass sie nie die Chance dazu bekommen einmal herunterzufahren und das Leben zu genießen.

Wünschst du dir auch manchmal, dass der Tag mehr Stunden hätte? Willst du weniger arbeiten und mehr Zeit mit deiner Familie verbringen Hobbys nachgeben, Reisen...

Dann ist es an der Zeit, dass du die Zügel deines Lebens selbst in die Hand nimmst und damit beginnst dein Leben voll auszukosten.

Wie dir das gelingt erfährst du in diesem Buch:
https://amzn.to/2PGO7y

33761422R00031

Printed in Poland
by Amazon Fulfillment
Poland Sp. z o.o., Wrocław